I0758972

Ana Serrenho

Tenho uma colmeia!
E agora?

Passo a passo para iniciar uma apicultura
com mais confiança

Tenho uma colmeia! E agora?
Passo a passo para iniciar uma apicultura com mais confiança

Autora: Ana Serrenho

Ilustrações da capa e do manuscrito: Canva Pro
Fotografia da autora na contracapa: Ângelo Cardoso
Design da capa: Ana Serrenho

1.ª edição: maio de 2021
ISBN: 9798748506281

Ao Dr. Nuno Costa, o meu "pai" da apicultura, que
tanto me ensinou e incentivou, e a todos os meus formandos e
amigos que diariamente me inspiram.

Índice

Prefácio   9

Introdução   11

Quando começo?   13

Como começo?   15

Adquirir colmeias e colónias   17

Equipamento de proteção pessoal   20

Material necessário   22

Onde e como instalo o apiário?   25

Recursos naturais   26

Acesso ao apiário   29

Como assentar as colmeias   29

Como faço o maneio da(s) colónia(s)?   33

ABC da colónia   34

Enxameação   38

Desdobramentos   39

Frequência de visitas e o que verificar   43

Alimentação artificial   47

Sanidade, doenças e afins   49

    Varroose   51

    Traça da cera   52

    Vespa asiática   53

Como crestar o mel   54

Mais que mel...   56

Vamos ao campo!   57

Calendário operações   58

Considerações finais   63

Agradecimentos   65

Sobre a Ana   67

Um convite da minha parte   69

Prefácio

"Um português, em 1839, António Carneiro Aureliano, padre, mandou colmeias de Portugal para o Brasil. Dois anos depois havia mais de 200 colmeias instaladas em solo sul-americano. A intenção era obter mel, mas principalmente cera para as velas. Portugal era farol nos conhecimentos de apicultura mundial e por muitos anos esteve na vanguarda com grandes publicações como "Um povo miúdo", na década de 40, do Engenheiro agrónomo Eduardo Sousa D'Almeida.

Ana Serrenho, retoma o espirito português de desbravar, assim como António Carneiro e didático de Eduardo D'Almeida, agora ela vem construindo, redescobrindo e ensinado a apicultura para nós que necessitamos de conhecimento prático para nossa abelha Ibérica. A autora vem estabelecendo uma profunda relação com a apicultura ao longo dos anos, incluindo pesquisas relevantes para abelha ibérica como a "avaliação do efeito acaricida de óleo essencial de Mentha cervina L. sobre varroa destructor". Com solidez trilha um caminho de fazer a diferença apontando a forma eficaz de sermos apicultores modernos e conscientes. Extrapola a pesquisa e constrói pontes ligando a ciência ao apicultor, o que se denota ao assumir o cargo de presidente de uma Associação da qual é fundadora, a ApisRedondo.

Só poderemos nos tornar verdadeiros apicultores quando houver real partilha de conhecimento, pensando no bem comum dos apicultores e desse povo miúdo tão bem apelidado por Eduardo D'Almeida. Esse livro, carinhosamente escrito pela querida Ana é, sem dúvida, exemplo dessa partilha.

As próximas páginas são para ser degustadas a cada palavra e saboreadas a cada ensinamento dos passos de quem já possui uma colmeia, "Tenho uma colmeia e agora?" é para quem realmente ama as abelhas, pois não basta ter uma colmeia, temos de saber o que devemos fazer para cuidar desses animais tão sensíveis e necessitados de cuidados."

André Halak

Introdução

Ao longo destes anos a ensinar apicultura e ajudar apicultores a iniciar a sua atividade apercebi-me que, de facto, o período inicial é o mais atribulado e quando todos precisam de mais apoio. Todos começamos algo um dia e ainda me lembro a primeira vez que fui a um apiário ou abri uma colmeia: "Ó bolas! E agora?" A boa notícia é que com prática e vontade de aprender todos dominamos minimamente qualquer coisa.

Apercebi-me também, que independentemente da base de formação dos recém ou futuros apicultores, ou ainda que com algum conhecimento pré-adquirido, há sempre questões transversais e mais 'resistentes', mais as inseguranças que normalmente vão surgindo. Muitas destas inseguranças levam-nos, na maioria das vezes, a não 'mexer 'nas colmeias as vezes necessárias ou a mexer com demasiada cautela, comprometendo a aprendizagem e sucesso numa fase inicial.

Reuni neste e-book temas baseados em questões, dúvidas e/ou receios que fui ouvindo em contexto de formação ou consultoria, na esperança de poder ajudar de forma mais eficaz quem quer ou está a começar esta aventura, alcançando e inspirando também mais pessoas.

Com estas dicas, pretendo que o recém-apicultor (ou futuro) evolua mais rápido no desempenho da sua atividade apícola e com mais confiança. Cumprindo o seu papel, tão nobre, de embaixador da natureza!

Quando começo?

Na teoria, apicultura faz-se o ano inteiro, mas na prática é aconselhável que se comece esta aventura na Primavera. É na Primavera que as abelhas (as colónias) se encontram numa fase de expansão e será muito mais fácil e prazeroso trabalhar e fazer determinadas intervenções. De forma bastante simples e direta, é nesta fase que tudo acontece! É também nesta fase que será mais seguro arriscar no maneio, experimentar, correr certos riscos, pois temos as oportunidades e *timings* certos para fazer "correções". Entretanto, vá lendo, vá ouvindo, vá visitando bons apicultores, absorvendo o máximo de informação fidedigna que conseguir. Quando chegar à prática já está munido de "ferramentas" para desempenhar melhor a sua atividade.

MANEIO

O maneio é o conjunto de operações, decisões e intervenções que fazemos no apiário ou colmeias.

APIÁRIO

O apiário é o conjunto de colmeias e o local onde estas estão fixadas e instaladas.

COLÓNIA VS COLMEIA

Apesar de não ser uma definição unânime e a designação no dicionário deixar dúvidas, em Apicultura, a colmeia é a estrutura física onde as abelhas se instalam. A colónia, é sim, a sociedade das abelhas, o enxame em si.

Como começo?

Primeiro que tudo, a apicultura é uma atividade de ar livre, de natureza, como seria de esperar. As abelhas recorrem a recursos naturais para sobreviver e garantir o seu livre-trânsito e fácil acesso a esses recursos é fundamental para o desenvolvimento e sucesso desta atividade.

Nos dias de hoje, muito se ouve falar de apicultura 'urbana', diferenciando-se da 'rural', que nada mais é que a introdução de colónias em contexto citadino, suscitando curiosidade nos amantes da natureza. No entanto, deixo um alerta: a 'nossa ' *Apis mellifera* é detentora de ferrão e quando ativados certos mecanismos de defesa da colónia, as abelhas irão defender-se. Defender implica picar e injetar veneno no nosso organismo, que para além de doer, pode causar sérias reações alérgicas. Portanto, é aconselhável que pensem na localização das vossas colmeias, na vossa segurança e na dos demais.

Para mim, é impensável iniciar esta atividade sem saber se somos alérgicos à picada da abelha. Para isso consulte o seu médico para poder fazer o respetivo teste. E, já agora, teste a família toda para vos poder acompanhar de futuro!

APIS MELLIFERA

Nome científico da abelha-europeia mas tem outras designações. Em Portugal temos a subespécie *Apis mellifera iberiensis*, mundialmente conhecida pelo seu rápido comportamento defensivo, dando-lhe fama de 'agressiva', não sendo o termo mais correto.

Fui PICADOoo!

Quando a abelha ferra, o ferrão fica preso na superfície da nossa pele e a ele acoplado a respetiva bolsa de veneno. A bolsa, após a picada, incrivelmente continua a bombear o veneno. Pode fazer a diferença 'raspar 'essa estrutura com a ajuda da unha, por exemplo, após a picada, impedindo que todo o veneno seja injetado, minimizando o impacto da apitoxina no organismo.

Adquirir colmeias e colónias

Bem, tendo o local definido para instalar as nossas colónias, que falaremos mais à frente, vamos precisar primeiramente de duas coisas: a(s) colónia(s) e a(s) colmeia(s)! Há duas formas de adquirir colónias/enxames: ou compramos a um apicultor ou capturamos na natureza, sendo que aconselho sempre a primeira hipótese, por várias razões. Duas delas, se por um lado estamos a comprar algo de confiança, a quem 'sabe o que faz', por outro temos o contacto de alguém que nos poderá dar uma ajuda preciosa de futuro.

Quando capturamos enxames na natureza podemos ter algumas surpresas, principalmente numa fase inicial quando não dominamos certos conceitos e não temos a vista 'treinada'. Pode, por exemplo, ser uma colónia pouco 'saudável 'ou 'fraca ' ou simplesmente apanharmos um enxame que não tem rainha (sim, pode acontecer!), fazendo-nos perder tempo, dinheiro e, acima de tudo, ânimo. Outro conselho que dou é adquirir mais do que uma colónia.

Outra questão importante é o tipo de colmeia. Quando encomendar as suas colónias o fornecedor irá fazer-lhe essa pergunta de imediato. Existem vários modelos de colmeias no mercado e são muitas as questões e dissertações à volta deste tema. Essencialmente estes modelos variam no tamanho dos ninhos, alças ou meia alça e respetiva dimensão dos quadros, que influenciará naturalmente a dimensão da colónia que alberga e, consequentemente, o seu peso e maneio. Colmeias maiores alojam colónias maiores. Colmeias menores alojam colónias menores.

Outro aspeto importante é o material de que é feito a colmeia. Há colmeias de vários tipos de madeira, umas mais leves, mas menos resistente, outras mais pesadas, mas regra geral mais resistentes. Depois há ainda pintadas ou não.

Para decidir o tipo de colmeia a usar deixo algumas dicas:

- Pesquise qual o modelo que é mais utilizado na sua zona. Por alguma razão é utilizado e facilita a troca e/ou aquisição de material;

- Adquira colmeias malhetadas. Pela minha experiência são mais resistentes e duradouras;

- Adquira colmeias com estrados sanitários;

- Em relação à cor, eu pessoalmente gosto da madeira, mas se tiver preferência por colmeias pintadas não haverá problema nenhum. Pode, eventualmente, ajudar as abelhas a localizar melhor a 'casa' em algumas situações específicas, mas não é, de todo, pejorativo não terem cor.

- Tenha em conta o tamanho da colmeia e a sua capacidade/resistência física. As colmeias habitadas tornam-se muito pesadas. Imagine milhares de abelhas, os favos de cera com reservas de mel e pólen, mais a criação. Em algumas operações temos de as deslocar e pode ser uma limitação.

- Avalie a disponibilidade para visitar o apiário. Colmeias que albergam colónias menores, em determinados momentos, podem necessitar de maior assistência, isto é, maior frequência de visitas.

Embora a escolha do tipo de colmeia dependa, obviamente, da sua análise dos prós e contras e das dicas que mencionei anteriormente, pessoalmente gosto do modelo reversível, mas deixarei isso ao seu critério.

Resumindo: decidir o local (ver no capítulo respetivo), adquirir colmeias e colónias.

A COLMEIA

A colmeia é formada pelo ninho, que pode ter estrado ou não, pela prancheta e pelo telhado. Dentro do ninho encontramos os quadros que servem de suporte aos favos. Em determinados momentos apícolas são colocadas as alças ou meias alças na parte superior do ninho.

Equipamento de proteção pessoal

Agora, vamos ao material necessário para trabalharmos. Como já percebemos, as abelhas ferram e como tal necessitamos de alguma proteção. É difícil não associarmos o apicultor ao famoso fato branco e máscara de rede, por isso já estava a contar com isso certamente. Pois bem, será mesmo necessário um fato de proteção individual, ainda para mais com a 'nossa ' abelha. Se é a branco ou não, mais uma vez fica ao seu critério, pois existem algumas opções no mercado, assim como existem vários valores também! Para mim, o mais importante, é um fato que proteja efetivamente e que o tecido seja o mais leve e resistente possível, pois no campo, facilmente passamos por vegetação ou objetos que o podem danificar.

Outra dica é ter cuidado para que não tenha nenhuma 'abertura surpresa'! Alguns fatos na zona dos fechos criam aberturas, normalmente na zona do pescoço, e as magnificas abelhas descobrem sempre por onde entrar.... Das duas uma, ou adquire um fato que não tenha esse dilema ou coloca uma esponja/fita adesiva larga nesse intervalo para desenrascar e evitar picadas. Mas ATENÇÃO! Desengane-se que não levará uma picada ou outra de quando em vez. Levar picadas faz parte da atividade e cabe-nos ter os cuidados necessários para as minimizar/evitar.

Ainda sobre a proteção individual, há várias modalidades pelas quais pode optar: fato completo (com máscara) ou fato de macaco e casaco com máscara. Mais uma vez experimente e veja qual o modelo a que se adapta melhor. Depois, igualmente importante, é escolher umas luvas do tamanho certo para ter o máximo de sensibilidade possível. Vai executar operações que requerem o domínio de alguns movimentos das mãos. Por várias vezes vi apicultores 'atrapalhados', não por não saberem o que fazer ou como fazer, mas simplesmente por terem o material desadequado, eu incluída! Para mãos mais pequenas, como as minhas, pode ser interessante usar umas luvas de algodão por baixo.

Se o fato que adquirirmos não tiver nenhuma proteção ao nível do tornozelo, deve adquirir também polainitos. Mais uma vez, acredite, elas descobrem sempre onde entrar e o tornozelo é uma ótima entrada. Aconselho também o uso de chapéu/boné, que force a rede a ficar esticada, para além de outras vantagens. Algumas máscaras de fatos têm uma rede demasiado maleável e, com alguns movimentos do corpo, fica justa à cara, oferecendo a oportunidade para mais uma picada. Relativamente ao calçado, umas botas ou ténis para exterior/campo servem perfeitamente. Há quem use botins para maior proteção, mas não sou fã.

Material necessário

Uma vez equipado, precisa de dois utensílios: o levanta quadros e o formão para auxiliar certas operações. Há quem use também o fumigador para 'acalmar 'as abelhas com ajuda do fumo, mas eu confesso que não tenho essa prática e no início de atividade rapidamente me cansei dessa ferramenta. Há quem use o borrifador com água em alternativa, às vezes até juntando um 'miminho 'de açúcar, mas só aconselho em períodos em que não faça frio ou não tenhamos humidade, para não comprometer a sanidade da colónia. O truque é fazer intervenções com calma, sempre que possível, e apenas as estritamente necessárias para não destabilizar demasiado a dinâmica da colónia.

Com a prática, prometo que vai relativizando certos comportamentos defensivos...as picadas! Se optar por usar fumigador está tudo certo também, mas sempre consciente das restrições da sua utilização, tais como, períodos de incêndios rurais ou épocas de produção, pois pode deixar resíduos nos respetivos produtos, como por exemplo mel com sabor a fumo.

Ainda sobre o material necessário, não ficamos por aqui, a Apicultura não se faz só no campo! Terá de criar uma área em casa para fazer algumas 'bricolages 'e/ou 'carpintarias'. Os quadros utilizados no interior da colmeia que servem de suporte aos favos são constituídos por uma moldura de madeira e pelos arames internos. Lembrar que esta moldura e arames são os responsáveis pela sustentação dos favos de reservas e criação, por isso requerem alguns cuidados da nossa parte. Estes arames devem estar esticados e, como nem sempre vêm esticados do fornecedor, temos de ser nós ou alguém a fazê-lo. A tensão do arame deverá ser semelhante à corda de uma guitarra. Numa bancada e com um pequeno alicate poderá fazer esta operação. Já vi fazer no colo, mas requer alguma perícia. Tente de alguma forma fixar o quadro à bancada para ter uma mão livre para verificar a tensão do arame. Uma vez esticados os arames estamos aptos a incrustar as lâminas de cera moldada.

Nós apicultores, damos uma preciosa ajuda às abelhas fornecendo-lhes, nestas lâminas, a quantidade de cera necessária à construção dos seus favos. Assim, não precisam de produzir essa cera, nem, consequentemente, gastar recursos/energia nessa função. Para desempenharmos esta tarefa, precisamos dum incrustador de cera elétrico, que, basicamente conduz energia elétrica pelos arames aquecendo-os, permitindo fixar a lâmina de cera.

Normalmente, os quadros têm um rasgo para introduzir a lâmina e auxiliar esta operação, podendo ser vantajoso colocar um pouco de cera quente neste rasgo para reforçar a sua fixação no final. Não tenha problemas em danificar algumas lâminas até apanhar o jeito, guarde-as que podem ser novamente derretidas e moldadas. Saber incrustar lâminas de cera corretamente é uma das chaves para um fácil maneio da colmeia e sucesso da atividade. Quadros com ceras mal incrustadas ou arames mal esticados, originam deformações nos favos ou no limite a quebra destes.

Incrustar cera:

Processo de 'soldar' a lâmina de cera moldada aos arames do quadro e fixá-la.

Checklist material:

- levanta quadros
- formão
- equipamento de proteção
- colmeias completas
- lâminas de cera
- incrustador de cera
- bobine arame zincado (caso algum arame se parta)

Onde e como instalo o apiário?

Sobre este assunto poderá encontrar muita informação, muitas indicações e muitas opiniões. Efetivamente, a escolha do local de assentamento das colmeias, o apiário, é também fundamental para a gestão e sucesso da atividade. No entanto, acho pouco provável encontrar um local que reúna todas as características ideais e mais uma vez trata-se de avaliar os prós, os contras e aquilo que achamos melhor para nós e abelhas.

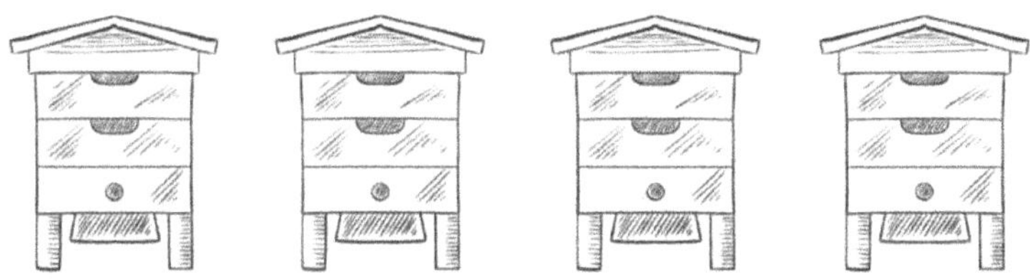

Recursos naturais

As abelhas coletam recursos naturais essenciais para a sua sobrevivência e sanidade, tais como néctar, pólen, água, minerais e, em alguns casos, meladas. Como tal, é benéfico as colónias estarem num local onde estes recursos sejam 'acessíveis 'e na 'quantidade 'adequada à densidade destas. E o que é adequado? Confesso que não tenho nenhuma receita nem fórmula. Regra geral, não gosto de apiários com mais de 50 colmeias, por uma questão de competição de recursos e por uma questão de maneio. No entanto, ter um arbusto ou dois de interesse apícola não será suficiente e nesse caso confio no seu bom senso ao avaliar o local.

Tenha em conta que as flores fornecem a base da alimentação das abelhas, por isso quanto maior a quantidade e sua diversidade melhor será para elas. Nós não comemos sempre do mesmo, certo? Então, escolher um local que seja rico em espécies vegetais de interesse apícola: como por exemplo: rosmaninho, esteva, alecrim, soagem, urze, cardo, eucalipto, medronheiro, carvalho, azinheira, pastagens naturais, entre outros, é ponto-chave para o sucesso.

Outro aspeto importantíssimo é o acesso a água! Água é vida. Se por algum motivo não conseguir cumprir este requisito pode sempre criar bebedouros, com a ressalva de que requerem alguma manutenção, pois se a água ficar parada durante algum tempo perde a sua qualidade. Eu tenho preferência por água corrente.

Ainda sobre vegetação, o ideal seria também existirem árvores e se forem então de folha caduca, maravilhoso. As árvores fornecem sombra, para as abelhas e para nós, facilitando a regulação de temperatura e gestão de recursos da colónia em alguns períodos do ano de maiores temperaturas e facilitando o nosso trabalho também nesses períodos. A questão da folha caduca é simples: no verão teremos sombra, no inverno teremos exposição solar, ajudando a 'aquecer 'a colmeia. No entanto, não sendo esta condição sempre possível, há outras formas de ajudar as abelhas a suportar temperaturas elevadas, sendo que ter água no apiário é uma delas e a outra 'cobrir 'os telhados das colmeias.

E agora, pergunta: mas a que distância podem ou devem estar esses recursos? Eu respondo: o mais perto possível! Ainda que, não aconselho a colocar as colmeias 'em cima 'de água ou na margem de um rio, pelas razões óbvias. Mas, respondendo mais acertadamente a essa pergunta, é importante saber o raio de ação das abelhas. Regra geral, temos em consideração um raio de 3 km, ainda que possam voar distâncias maiores. Mas lá está, quanto mais longe estiverem as fontes destes recursos, mais recursos e tempo vão consumir nessas viagens. Elas ajudam-nos e nós ajudamo-las, é simples.

Aconselho que esta avaliação seja feita preferencialmente na Primavera, ainda para mais se não está familiarizado com o local, para poder fazer um levantamento mais fidedigno da flora e restantes recursos. Obviamente que outros períodos do ano são também importantes e num cenário ideal teremos estes recursos o ano inteiro.

SANIDADE

Condições da colónia/colmeia que permitem que se mantenha saudável.

MELADA

Uma substância rica em açúcares, excretada geralmente por afídios e outros insetos, quando se alimentam da seiva das plantas.

Acesso ao apiário

Uma vez reunidas as condições anteriores gosto sempre de avaliar acessos ao apiário. É vantajoso termos bons acessos e podermos deslocar-nos facilmente até ao local e/ou o mais perto das colmeias possível. Pontualmente será necessário descarregar ou carregar algum material, muito dele pesado. Atenção a linhas de água pois alguns locais ficam inacessíveis durante certos períodos do ano com a subida dos caudais. Outra dica que dou é haver espaço para algumas manobras, poder inverter a marcha e colocar uma viatura de traseira facilita o maneio.

Como assentar as colmeias

Agora, como e onde assentar as colmeias? Antes de tudo, é conveniente nivelar o local onde as colocará previamente. Se já é um local nivelado, excelente! É importante perceber também para onde 'viro as colmeias', isto é, para onde direcionar a entrada da colmeia. Sobre este assunto há também imensa literatura mais uma vez, mas a regra é que deverão estar viradas a sul. O conselho que dou, de uma forma geral, é que as colmeias fiquem viradas para onde estejam expostas à maior quantidade de horas de luz diária possível, claro está, que será para onde nasce o sol, mais ângulo menos ângulo. Esta disposição permitirá as abelhas desempenharem a sua atividade exterior com maior eficácia. Ainda sobre o local de assentamento, ter atenção a ventos dominantes. Locais ventosos não são de todo os ideais. Se for esse o caso, e não tiver muita alternativa, pode criar algumas soluções naturais com sebes/arbustos ou muros, tal como nos colmeais antigos.

Para o suporte das colmeias há também várias opções de materiais, desde reutilizar paletes de madeira a suportes individuais de ferro. Eu tenho sempre em consideração, primeiro que tudo, a altura da colmeia que pretendo, pois ajuda quando trabalhamos 'dobrados' horas seguidas, na mesma posição. Ter as colmeias a pelo menos 20 cm do chão já é uma vantagem para executar determinadas operações, para além de contribuir para um melhor arejamento da mesma. A opção que mais gosto é o sistema de bloco com vigas, geralmente de 2m, deixando ao seu critério a dimensão porque tem de gerir a respetiva disposição no local. Nestas vigas de 2m, normalmente dispomos 4 colmeias.

Há vigas de cimento e há de madeira, variando o valor como seria de esperar. É uma decisão económica, estética e, também prática, como a capacidade e disposição para as carregar. Quanto aos blocos podem ser igualmente de cimento. Resumidamente, apoia as duas vigas sobre os blocos e tem os suportes para as colmeias concluídos. Há quem utilize apenas os blocos para apoiar cada colmeia individualmente ou aproveite paletes de madeira e outros materiais. Uma das razões pelas quais não utilizo este sistema de blocos é porque gosto de apoiar algum material no intervalo entre colmeias, para não apoiar no chão, evitando possíveis contaminações.

Programe bem estas operações pois de futuro nem sempre é conveniente estar a mudar as colmeias de localização. As abelhas têm um sistema de orientação muito preciso e cada colónia tem a sua localização referenciada, tal como um GPS.

Acima de tudo e após avaliar as sugestões anteriores, apaixone-se pelo local! Mais do que apicultura, trabalhar na natureza é a parte mais prazerosa. Apaixonarmo-nos pelo local é meio caminho para o sucesso das nossas visitas e assistência às colónias.

Colmeal

Zonas muradas, na maioria, com socalcos onde os apicultores antigamente instalavam as colmeias/cortiços. Além de muros de pedra para abrigar de ventos e predadores, tinham muitas vezes oliveiras ou outras árvores para fazer sombra.

Cortiço

Colmeias construídas antigamente com cortiça para albergar os enxames. Eram assentes numa laje de pedra vulgarmente conhecida por silha. Por dentro tinham duas cruzetas, normalmente de esteva, que ajudavam a suportar os favos naturais. Já praticamente não é utlizado, mas ainda se encontram alguns exemplares.

Como faço o maneio da(s) colónia(s)?

O segredo de qualquer maneio e intervenção é dominar minimamente a biologia e dinâmica da colónia. É um assunto complexo e ainda com muito para desvendar, mas há conhecimentos básicos que deve adquirir.

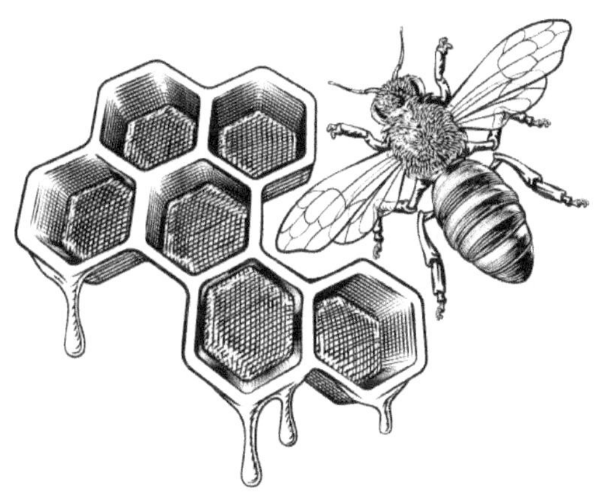

ABC da colónia

A colónia é um 'organismo 'altamente dinâmico, onde todos os intervenientes têm os respetivos papéis a desempenhar, atuando como um todo. Neste 'organismo 'podemos encontrar 3 tipos de indivíduos e 2 castas. Numa colónia vamos encontrar uma rainha, várias obreiras que são a força motriz deste superorganismo e os zangãos que só estão presentes em alguns períodos do ano. A rainha e as obreiras são os elementos femininos, enquanto os zangãos os masculinos. Pode distinguir estes indivíduos pelas diferenças de número, tamanho, funções desempenhadas e ainda algumas características físicas. As obreiras são mais pequenas, em maior número e desempenham praticamente todas as funções de manutenção da colónia. A rainha é só uma (com exceções pontuais), é maior que as obreiras e tem o abdómen alongado. A rainha tem a função de depositar ovos, garantindo a descendência e, ainda, manter os indivíduos da colónia 'unidos 'através da libertação de uma feromona. Os zangãos são maiores que as obreiras, são peludos, destacam-se pelos seus grandes olhos e a única função ao longo da vida é fecundar uma rainha, se tiverem a 'sorte 'de o conseguir. Digo 'sorte', porque ao fecundarem a rainha os zangãos morrem. Pontualmente, os zangãos podem ajudar com a termorregulação/arejamento, isto é, a manutenção da temperatura da colmeia. Os zangãos são eliminados no final da época reprodutiva pelas obreiras, sendo um excelente indicador para o apicultor da fase em que a colónia se encontra, possibilitando planear melhor as suas operações.

Em Portugal, a colónia, este coletivo surpreendente, tem essencialmente duas fases ao longo do ano. Uma de expansão, com início na Primavera, e uma de retração no final da Primavera/Verão, dependendo da localização geográfica e disponibilidade de recursos. Por isso, o natural é na Primavera ter colmeias (saudáveis) com um número bastante elevado de indivíduos, e um grande fluxo de obreiras na entrada da colmeia em determinados momentos do dia, e no Inverno essa população diminuir significativamente, bem como a sua atividade. Por aqui se vê a capacidade deste superorganismo gerir a população de acordo com os recursos disponíveis e condições climatéricas, garantindo assim a sua sobrevivência. Obviamente que um apicultor pode e deve, em alguns momentos específicos, artificializar a disponibilidade de recursos, intervindo na dinâmica da população e, eventualmente, nas hipóteses de sobrevivência da mesma.

Antes referi que uma das funções principais da rainha era depositar ovos e garantir a continuidade da população. De facto, a rainha é a mãe de todas as abelhas, depositando ovos fecundados que dão origem a obreiras ou rainhas e não fecundados que dão origem a zangãos. Portanto, o número de indivíduos está também relacionado com a capacidade de postura da rainha. O que determina se um ovo é fecundado ou não é o respetivo tamanho do alvéolo do favo, que foi construído pelas obreiras. Isto é, se o alvéolo for maior, mais largo, o abdómen da rainha não será pressionado e não haverá fecundação desse ovo, se o abdómen for pressionado haverá fecundação do ovo.

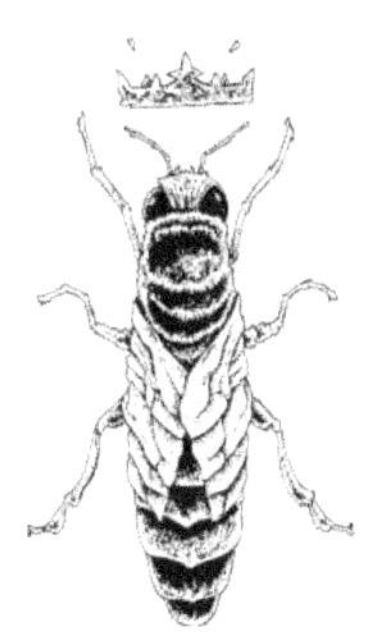

Se for necessário criar outra rainha, as obreiras constroem outro tipo de alvéolo, que se distingue da criação 'normal 'de obreiras pelo seu aspeto alongado em forma de 'dedal', o alvéolo real.

Consegue ainda distinguir a criação de zangão operculada da de obreira porque são mais salientes, uma vez que os machos são maiores.

As abelhas passam por uma metamorfose desde o ovo até à fase de adulto, podendo ser observado facilmente na colmeia nos quadros com a criação. O ovo eclode, aproximadamente, pelo terceiro dia e a larva começa a ser alimentada pelas obreiras. Primeiramente com geleia real, a substância branca que conseguem ver a brilhar no fundo do alvéolo, e posteriormente, com uma mistura de mel e pólen. A larva vai crescendo ocupando o alvéolo quase na totalidade, preparando-se para a fase pupal. Nesta fase as abelhas tapam o respetivo alvéolo com uma camada de cera, que chamamos o opérculo, protegendo a criação até atingir a fase final. Quando a metamorfose está completa a abelha rompe o opérculo e sai. O desenvolvimento dos três tipos de indivíduos não tem a mesma duração: paras as rainhas são 16 dias, obreiras 21 dias e zangãos 24 dias. Deixo o alerta que as condições atmosféricas podem influenciar ligeiramente estes períodos. Pela minha experiência com rainhas, em períodos de calor cheguei a registar nascimentos ao 14º ou 15º dia. Estas informações são fundamentais para avaliar uma colmeia e planear intervenções futuras.

As obreiras ao longo da sua vida desempenham diversas funções como: a alimentação e proteção da rainha, a limpeza dos alvéolos, a alimentação da criação, a construção de favos, o armazenamento e transformação do néctar em mel, a ventilação da colmeia, a coleta de recursos e a guarda da colmeia.

Como pode perceber agora, as obreiras são as grandes decisoras e não a rainha, assegurando a sobrevivência da descendência e respetiva colónia. Ainda assim, obviamente, que sem rainha não há colónia! Sem zangãos não há rainhas fecundadas! E sem rainhas fecundadas, não há obreiras nem novas rainhas! Todos os indivíduos são importantes.

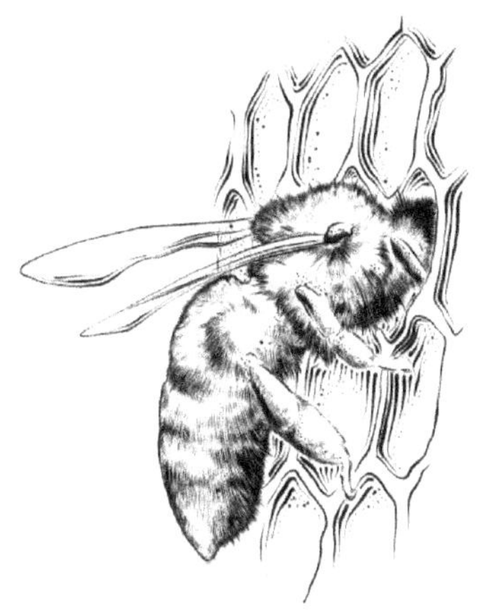

Enxameação

Como referi anteriormente, a colónia tem uma fase de expansão na Primavera, onde a rainha intensifica a postura e a população aumenta significativamente. Este aumento de população, a consequente falta de espaço na colmeia e as condições exteriores favoráveis, desencadeiam um processo de divisão da colónia, a enxameação. É, no fundo, o mecanismo deste organismo se reproduzir.

De uma forma simples e básica, as obreiras vão criar novas rainhas, uma nova rainha é selecionada, é escolhido um novo local para a instalação de uma nova colónia e a rainha velha abandona a colmeia-mãe com parte da população. Certamente já viu apicultores a trepar árvores para capturar enxames ou em sítios menos 'tradicionais'.

A enxameação é um processo maravilhoso e apaixonante. Mereceria um livro só dedicado a este tema, ainda mais porque há tanto ainda por descobrir e estudar. No entanto, nesta fase inicial este conhecimento é suficiente. O que deve ter em consideração é que as obreiras no início deste processo irão construir alvéolos reais, os quais conseguirá observar facilmente.

Mas atenção! Podem haver alvéolos por outras razões: de emergência por perda da rainha ou de substituição da rainha. Regra geral, os alvéolos de emergência encontram-se no meio do quadro de criação enquanto que os de enxameação e substituição encontram-se mais na periferia.

Desdobramentos

Ainda que haja apicultores que gostam de deixar enxamear, cabe ao apicultor, na minha opinião, antecipar-se à enxameação através de desdobramentos, por várias razões. Uma dessas razões, é o facto de nunca se saber onde o enxame vai permanecer numa primeira fase enquanto as batedoras procuram novo local. Se o enxame se fixar num local alto e/ou de difícil acesso vai ter problemas. Por outro lado, se não for ao apiário nesta fase da enxameação poderá não chegar a tempo e perder uma nova colónia. E mais importante, a colmeia-mãe vai perder grande parte da população, demorando algum tempo a recuperar, comprometendo a produção por exemplo. Há mais desvantagens no deixar enxamear, mas fiquemos agora por estas. Para evitar estas situações eu opto sempre pelo desdobramento, ainda que deixe sempre no apiário uma colmeia (10 quadros) ou núcleo (5 quadros) vazio com um quadro usado, caso 'saia 'algum enxame. Normalmente, têm preferência por colmeias usadas e com favos já puxados. Há mais fatores que influenciam a enxameação e devemos ter isso em consideração. Nós, apicultores, não controlamos tudo.

Em relação aos desdobramentos, há várias formas de o fazer. Para iniciar, o que aconselho é desdobrar para um núcleo para controlar melhor a sua evolução, mas se tiver apenas colmeia também serve. Coloque dentro do núcleo ou colmeia um quadro de criação aberta e fechada de obreira, um quadro com ovos do dia e outro de reservas da colmeia-mãe. Tenha atenção ao tamanho dos alvéolos para não levar ovos não fecundados (machos). É importante introduzir ovos do dia, porque optando por não introduzir rainha, as obreiras poderão fazer uma rainha nova a partir desses ovos.

No lugar desses quadros retirados da colmeia-mãe, e alternadamente, coloque uma lâmina de cera nova por puxar. Onde fez o desdobramento introduza também, uma ou duas lâminas de cera nova. Bata agora dois quadros de abelhas para a nova colmeia, tendo atenção para não levar a rainha. Há quem opte por levar a rainha, mas o importante é saber onde ela ficou para depois acompanhar. Por fim leve a colmeia nova para outro apiário ou se tiver de ficar no mesmo local coloque longe da original e/ou com um ângulo de entrada diferente. Lembre-se que as abelhas têm a localização da colmeia registada, por isso terá de as 'baralhar'. Regra geral, quando assento as colmeias nas vigas dou-lhes logo uma ligeira inclinação para a esquerda ou direita alternadamente para facilitar algumas operações de futuro. Há quem leve a colmeia-mãe para o novo local e também está correto. Como disse, há várias formas de fazer desdobramentos, mas para quem inicia este processo simples é o mais fácil, intuitivo, e com maior probabilidade de êxito.

Não aconselho introduzir logo todas as lâminas de cera nova porque com falta de experiência e/ou má colocação das mesmas pode arriscar a que fiquem deformadas com o calor ou que as obreiras não as 'puxarem 'tão pouco.

O desdobramento, vai permitir 'aliviar 'colmeias que têm uma população grande, que eventualmente vão enxamear, sem prejudicar a sua evolução e produção. Vai ainda possibilitar substituir ceras velhas gradualmente, que é uma operação importante para a sanidade das colónias, entre outras vantagens.

Assim, vai aumentar o seu efetivo de forma progressiva, enquanto observa a evolução de uma colónia desde o início, fundamental para a sua aprendizagem. Esteja descansado se não correrem todos bem, faz parte, é normal. Os enxames na natureza também não vingam todos e alguns nem sobrevivem mais de um ano. Lembre-se: só erra aquele que faz e no erro está, na maioria das vezes, a maior aprendizagem.

OVOS DO DIA

Quando a rainha deposita o ovo ele fica de pé e vai-se 'deitando 'até ao terceiro dia. Durante esta fase consegue identificar que é, com toda a certeza, um ovo e não larva.

Frequência de visitas e o que verificar

Das questões que mais me colocam é: quando devo ver as colmeias? De quanto em quanto tempo posso mexer? O que devo ver?

Pois bem, a resposta é mais uma vez: DEPENDE! Como mencionei no ponto anterior, a Primavera é bem diferente do Inverno, por isso as operações e sua frequência são igualmente diferentes. O mais importante, e tendo noção da dinâmica da colmeia, é abrir apenas quando é necessário. Lembre-se que sempre que abrimos uma colmeia estamos a interferir na temperatura e não só (humidade, etc). Temperatura essa que as obreiras, tão genialmente, mantêm para o correto desenvolvimento da criação (34°C-36°C). Imagine por momentos, estar em sua casa e 'alguém 'levantar o telhado/teto da sua casa, no Verão e/ou Inverno. E mais, imagine isso todas as semanas! Um pouco desconcertante diria eu. O mesmo para as abelhas, sempre que fazemos uma intervenção vamos destabilizar a atmosfera da colmeia e a colónia demorará pelo menos 24h a estabilizar.

Posto isto, deve mexer quando precisa efetivamente de verificar postura da rainha, quadros de criação, introduzir quadros com cera nova, fazer desdobramentos, por aí fora.

Na maioria das vezes, e havendo condições favoráveis no exterior para tal, antes de abrir uma colmeia aconselho vivamente começar por observar a sua entrada e fluxo de abelhas. Observe como regressam, o que fazem quando pousam na entrada, o que trazem da coleta (pólen, própolis, etc). Nem sempre precisamos de abrir para saber se está tudo 'ok'. Obviamente que isto vem com prática, mas começando a entender o normal funcionamento de uma colónia saudável e associar à fase em que se encontra, garanto-lhe que será tudo mais simples. Pelos menos, se tiver mais que uma, poderá comparar as diferenças e tirar as suas conclusões. É uma das razões pela qual aconselho a ter mais que uma colmeia. Um dos segredos da apicultura é desenvolver este tipo de sensibilidade. Ainda que às vezes possa haver um engano ou outro, este 'diagnóstico 'vale ouro.

Depois de observar a entrada, abra então a colmeia. Se não tiver espaço entre colmeias onde pousar o telhado e prancheta pouse no chão mesmo. Normalmente coloco o telhado invertido no chão e pouso a prancheta em cima. Antes de tirar qualquer quadro observe a população novamente. Veja se se encontram mais ao centro ou se estão desviadas do centro. Tente perceber a dimensão da colónia e seu comportamento. Não tenha pressa. Comece por estar atento a pormenores.

Para quem está no início, pode começar por retirar um quadro das pontas para ganhar espaço para manobrar mais facilmente outros quadros. 'Solte 'sempre o quadro com a ajuda do formão, pois na maioria das vezes estão propolizados e é mais fácil depois retirar com o levanta quadros. Coloque o quadro no exterior encostado à colmeia. Regra geral os quadros da periferia são reservas que servem de isolamento e no centro encontra a criação. Verifique essas reservas e se por acaso não andará aí a rainha, é raro, mas pode acontecer. Numa primeira vistoria pode ver quadro a quadro. Observar a criação, verificar ovos do dia, ver a rainha se possível. Registar à data, quantos quadros de criação tem (aberta ou fechada), quantos quadros de reservas, se tem quadros de cera por puxar, o que achar relevante nessa fase. Fazer tudo com alguma cautela, principalmente se não sabe onde está a rainha. Pode e deve fazer estes registos numa folha, mas pode também fazer pequenas notas no telhado da colmeia respetiva com uma caneta permanente. Por exemplo, se tem ovos do dia e data (17/8 OD), se introduziu rainha (IR), se não tem ovos do dia ou criação (s/ OD s/ CR) ou ainda a data de desdobramento. Pode ainda colocar uma pedra ou outro objeto em cima do telhado para as que estão sem postura e requerem mais atenção e assim da próxima visita já sabe que são só essas que terá de verificar, provavelmente. Arranje um mecanismo que seja prático e intuitivo para si, o seu método.

Os registos são sempre importantes, ainda mais nesta fase porque podem ajudá-lo a avaliar as situações e tomar decisões. Suponha que está tudo normal numa colmeia, não vale a pena abrir na próxima semana e, provavelmente, nem passado 15 dias. Pode valer a pena, por exemplo, no pico da Primavera ou no pico de alguma floração apícola, uma colónia forte que pode precisar de ser desdobrada novamente ou que a rainha deixou de ter espaço para a sua postura, por exemplo. Esteja simplesmente atento às épocas, conheça os *timings*, faça a 'matemática'.

Imagine agora que verificou que uma colónia estava sem rainha e introduziu um quadro com ovos do dia para poderem criar uma nova. Pode, passado uns dias, verificar apenas esse quadro e ver se fizeram algum ou alguns alvéolos reais, mas uma vez feito, faça a sua revisão pelo menos 15 dias depois. A rainha terá de nascer, testar voo, voar para fecundar e voltar à colmeia de vez. Dê tempo para que tudo aconteça sem interferências, programe as intervenções com base na dinâmica da colónia, respeitando os ritmos da natureza.

Para os registos, em papel ou outro suporte, pode ajudar numerar as colmeias, até porque podemos mudar de local aquando dos desdobramentos e assim não nos perdemos no historial dessa colónia.

Certamente já percebeu que fará mais visitas/vistorias na Primavera ou picos de floração do que no Inverno, pois no Inverno pouco haverá a fazer, ainda que dependa muito da região do país e condições climatéricas. Mais uma vez, não há receitas. Deve ainda registar quando fez tratamentos ou alimentação artificial.

Alimentação artificial

Esta questão tem muito que se lhe diga, mas efetivamente há colónias que dificilmente sobrevivem a alguns Invernos, ou por 'entrarem na invernada 'com poucas reservas, e/ou fracas, e/ou doentes. Para além de Invernos rigorosos há também as Primaveras fracas, ou porque não choveu ou porque veio calor de repente. Para além disto há ainda os incêndios florestais, que destroem o pasto apícola durante um tempo significativo. Todas estas são realidades bem atuais e a única forma de manter as colónias vivas é alimentar artificialmente.

É importante primeiro perceber se a nossa colmeia tem quadros de reservas suficientes, mas acima de tudo se a colmeia é saudável. Muitas vezes perdemos tempo com colmeias fracas e/ou doentes em vão. O ideal seria as colmeias do apiário estarem todas minimamente homogéneas, mas nem sempre é possível.

No entanto, em apicultura, o recurso à alimentação artificial nem sempre é só para assegurar a sobrevivência das colmeias. Por vezes é utilizada para estimular a rainha e acelerar o desenvolvimento da colónia. Um apicultor experiente tem de antecipar as épocas e preparar as colmeias para as produções ou desafios que se avizinham. Seja para aumentar a produção seja para garantir que não a perde! Quando 'desconfiamos 'que o período e fluxo de néctar vai ser curto temos de agir antecipadamente. Esta prática, dependerá dos seus objetivos na apicultura e/ou princípios, obviamente.

A alimentação artificial pode ser feita de várias formas, dependendo do que pretende. Há alimentos já formulados no mercado e devidamente identificados para a Primavera, Outono ou Inverno, estimulantes ou só de manutenção, energéticos ou proteicos.

Se optar por algo mais 'caseiro 'pode utilizar mel e/ou açúcar, havendo algumas receitas que pode experimentar. Deixo só o alerta para a origem do mel que utilizar, para não correr o risco de estar a introduzir nas colónias alguma doença, pois é um dos veículos de transmissão. O mais prático é utilizar alimentadores para o efeito, que coloca por cima do óculo, aquele orifício que se encontra na prancheta.

Sanidade, doenças e afins

As abelhas, como qualquer animal, têm doenças e precisa conhecê-las minimamente, até porque vai lidar com algumas diariamente.

Entenda primeiro que este organismo, a colónia, tem algumas características que favorecem o desenvolvimento destas doenças, tais como o elevado número de indivíduos, o facto de ser um sistema aberto, sujeito a constantes ajustamentos e a existência de alimento armazenado no interior da colmeia.

Obviamente, como qualquer outra espécie, as abelhas desenvolveram mecanismos de defesa ao longo da sua evolução e a colónia apresenta estratégias, quer individuais quer coletivas, para fazer face a doenças: mecanismos fisiológicos, comportamentais e mecânicos. Um exemplo fisiológico é a resposta imune da hemolinfa. A hemolinfa é o correspondente ao nosso sangue e circula livremente no corpo da abelha. Mais interessante ainda são os mecanismos comportamentais como a limpeza do próprio corpo ou de outra abelha ou a deteção e remoção de crias mortas, doentes ou infetadas.

As doenças das abelhas podem dividir-se em dois grupos: doenças da criação e dos adultos. Sendo que há doenças que afetam ambos conforme indicado na tabela abaixo.

QUADRO DAS PRINCIPAIS DOENÇAS DAS ABELHAS

Doenças	População Atingida	Sintomas
Varroose (ácaro)	Adultos e criação	Abelhas com asas deformadas. Larvas mortas. Opérculos perfurados.
Nosemose (fungo)	Adultos	Abdómen dilatado, diarreias, dificuldades de voo (endoparasita vive no intestino médio)
Loque americana (bactéria)	Criação	Criação em mosaico. Opérculos escurecidos e côncavos. Larvas filantes, viscosas e aderentes à parede do alvéolo. Pode ter mau cheiro.
Loque europeia (bactéria)	Criação	Criação em mosaico. Cheiro acre. Larva não é filante nem viscosa nem adere ao alvéolo.
Ascosferiose (fungo)	Criação	Criação em mosaico. Larvas mumificadas brancas e negras, consistência de giz, Múmias brancas e pretas na tábua de voo e em frente à colmeia.

Varroose

A varroose é a doença mais comum nas abelhas e que facilmente observará. É causada por um ácaro ectoparasita originário da Ásia, que pode ver a olho nu. Este parasita suga a hemolinfa das abelhas, que serve de alimento e deixa o corpo do adulto comprometido ('ferida aberta'). Para além disso transmite um vírus responsável pela deformação das asas, as tais asas 'ratadas'. O ciclo da *Varroa destructor*, como parasita que é, está perfeitamente sincronizado com o ciclo da abelha, por isso causa tanto impacto no desenvolvimento normal da colónia, prejudicando a atividade apícola. Felizmente, hoje já existem vários estudos sobre o comportamento deste ácaro e com esses estudos, planos e medidas de controlo. Essencialmente temos 3 tipos de ações sanitárias: medidas químicas, os acaricidas homologados (sintéticos ou naturais) que é legalmente obrigado a aplicar; métodos mecânicos, físicos ou comportamentais; e a seleção genética de colónias com elevado comportamento higiénico.

No quadro pode consultar as doenças principais e seus sintomas, embora alguns se possam confundir, principalmente com pouca experiência. O meu maior conselho é: na dúvida, e se desconfia de algo, deve contactar uma associação ou organização de apicultores que o ajudarão, inclusive a recolher amostras (criação ou abelhas) e enviar para o laboratório competente, caso seja necessário.

Traça da cera

Há ainda outro problema sanitário comum que queria falar-lhe, que é a principal causa da perda de ceras dos apicultores: a traça, *Galleria mellonella*. Esta traça desenvolve-se essencialmente em colónias fracas e cavam galerias na cera causando a sua destruição total ou parcial. A melhor forma de a prevenir é manter as colónias fortes. Não sendo esse o caso, deve armazenar as ceras, de preferência sem pólen e onde não tenha condições para a traça se desenvolver (locais arejados e 'frios').

Para apicultores de menor dimensão aconselho deixar nas colmeias as alças, com os quadros de cera já puxados e/ou usados, até as temperaturas baixarem significativamente, ou seja, o mais tarde possível. Depois reserve num alpendre ou num local abrigado da chuva, durante o inverno. Não se admire se ouvir falar em estufas ou arcas, pois apicultores de maior dimensão têm estufas para reservar essas alças onde mantêm uma atmosfera controlada.

Vespa asiática

Atualmente, em algumas zonas do país, muitos apicultores lidam com a realidade da vespa asiática, a *Vespa Velutina*. Relativamente a esta vespa, embora ainda haja algum trabalho a fazer, basicamente a única ação que pode tomar é instalar armadilhas, destruir ninhos e armar mecanismos de detenção nos apiários, minimizando o seu impacto.

Reforço que a única forma de promover a sanidade das colónias é garantir as condições ideais na colmeia e local de instalação, para que se mantenham fortes e devidamente nutridas. As nossas intervenções têm de ser feitas de forma consciente e informada, para que possamos efetivamente contribuir positivamente.

Impossível terminar este ponto sem mencionar alguns fatores chave que ameaçam atualmente a sobrevivência e sanidade das abelhas, tais como as famosas alterações climáticas e algumas práticas agrícolas. Ambos têm vindo a contribuir para a destruição de ecossistemas naturais e sua biodiversidade e respetivos recursos apícolas.

Cabe ao apicultor, como embaixador da natureza, contribuir para a manutenção e preservação dos ecossistemas em risco.

Como crestar o mel

As abelhas são, de facto, seres incríveis e os produtos da colmeia são igualmente fascinantes. Não é por acaso, que a apicultura é uma atividade com milhares de anos e os seus produtos, como o mel, são frequentemente referenciados.

Muito basicamente, o processo de produção do mel começa logo na coleta do néctar (ou melada) com a sua transformação química e física. Com o auxílio de certas estruturas e enzimas especificas, segregadas pelas as abelhas, as obreiras conseguem 'partir 'as respetivas moléculas de açucares. O mel passa depois por um processo de 'boca em boca '(trofilaxia), é armazenado no favo onde completa a maturação e operculado de seguida.

O mel é utilizado na alimentação das abelhas sim, mas, essencialmente, é a reserva para períodos de escassez. Deve crestar apenas o mel das alças para garantir que no ninho ficam reservas suficientes para a colónia sobreviver nesses períodos.

A altura ideal para o crestar, e para que não fique com dúvidas sobre a sua maturação e humidade, é quando já está operculado.

A forma de crestar este mel depende muito da quantidade que tem. Se for pouco não se justifica o investimento em material de extração e nesse caso coma os favos mesmo, vai ver que é uma experiência maravilhosa. Se quiser um método mais tradicional pode sempre esmagar/prensar os favos. Filtre o mel, armazene e deixe decantar. A cera pode depois reutilizar.

Se a quantidade de mel/alças se justificar, peça ajuda a uma associação de apicultores ou apicultor, que de certo têm uma solução.

Não queria terminar este ponto sem falar da cristalização do mel. A cristalização é um processo natural e não é igual para todos os méis. Há méis que têm tendência para cristalizar mais que outros, consoante a sua composição física e química. Por isso, nem um mel que cristaliza está estragado, nem, tão pouco, os que não cristalizam deixam de ser mel.

São vários os fatores que favorecem a cristalização, mas essencialmente ocorre pela desidratação de certos açúcares e respetiva formação de cristais. Quando este processo se dá de forma descontrolada é comum vermos a separação de fases em algumas embalagens, induzindo por vezes o consumidor em erro.

Mais que mel...

Para além do mel há muitos outros produtos que pode tirar partido da colmeia, como o pólen, a própolis ou até a cera ou mesmo a geleia real! Apicultura não é só mel e temos à nossa disposição produtos naturais extremamente benéficos para a sua saúde.

Para consumir o pólen pode instalar um capta-pólen na entrada de uma colmeia e fazer a experiência. Pode consumi-lo fresco ou então congelar e desidratar. Se quiser também pode consumir diretamente do favo o famoso pão-de-abelha.

A própolis pode raspar da colmeia e fazer um extrato simples aquoso. Utilize em feridas como cicatrizante, por exemplo.

Faça uma pesquisa sobre os produtos das abelhas e irá surpreender-se!

Vamos ao campo!

Neste último capítulo, deixo-vos uma espécie de calendário de tarefas, uma pequena orientação das operações que pode ou deve fazer ao longo do ano. Não especifiquei por meses, porque Portugal, apesar de pequeno, tem diferenças significativas e épocas apícolas desfasadas. Mais uma vez não há regras nem receitas e deve adaptar as suas visitas e intervenções no decorrer da respetiva campanha apícola. A Primavera, para mim, é sempre ponto de partida.

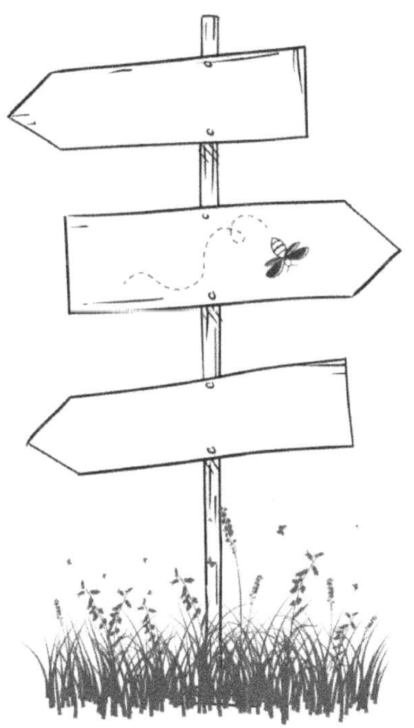

Calendário operações

PRIMAVERA

✓ Registe a flora existente, tente identificar as fontes de néctar, pólen ou meladas.

✓ Semeie pastos apícolas ou plante flora de interesse apícola.

✓ Instale novos apiários.

✓ Inspecione as colónias com mais frequência (postura da rainha, tamanho e desenvolvimento da população, sinais de doença, etc.).

✓ Desdobre.

- repõe perdas de Inverno
- aumenta o efectivo
- aproveita para desbloquear os ninhos , garantido espaço para a rainha depositar os ovos
- controla enxameação
- substitui ceras velhas

✓ Coloque alças nas colmeias em que se justifique. Dê espaço às colónias.

✓ Realize ou retire os tratamentos da varroose, se for o caso e quando terminado o prazo de atuação indicado.

✓ Aproveite para substituir quadros de ceras velhas, introduzindo novas lâminas.

✓ Instale capta-pólen caso seja a sua intenção.

✓ Limpe o mato dos apiários antes do Verão.

✓ Limpe os estrados das colmeias, caso não use estrado sanitário.

VERÃO

✓ Registe a flora existente, tente identificar as fontes de néctar, pólen ou meladas.

✓ Inspecione as colónias (postura da rainha, tamanho e desenvolvimento da população, sinais de doença, etc.).

✓ Verifique o arejamento das colmeias e sinais de sobreaquecimento (abelhas no exterior em cacho, quadros de cera deformados, etc). Se necessário, cobrir as colmeias ou colocar alças vazias para maior arejamento. Até aconselho, se possível, pintar os telhados de branco.

✓ Desdobre, se possível.

✓ Creste o mel.

✓ Verifique as reservas.

✓ Esteja atento a possíveis substituições de rainhas 'velhas'.

✓ Verifique a disponibilidade de recursos para as abelhas (água e flora).

✓ No final do verão, pode ser necessário realizar novo tratamento para a varroose.

✓ Alimente artificialmente caso se justifique.

OUTONO

- ✓ Faça a declaração de existências do seu efetivo junto dos serviços competentes (legislação em vigor dita que é no mês de Setembro).

- ✓ Registe a flora existente, tente identificar as fontes de néctar, pólen ou meladas.

- ✓ Inspecione as colónias (postura da rainha, tamanho e desenvolvimento da população, sinais de doença, etc), de forma a prepara-las para o Inverno.

- ✓ Creste novamente (em algumas zonas do país é possível!).

- ✓ Vigie colmeias com colónias mais fracas e avalie se vale a pena 'passarem' o Inverno em núcleos ou com algum 'aconchego'.

- ✓ Retire alças, caso ainda estejam no campo. É altura de reduzir o espaço.

- ✓ Elimine colónias doentes, não perca tempo nem recursos.

- ✓ Se não fez o segundo tratamento da varroose faça-o agora.

- ✓ Alimente artificialmente caso se justifique.

INVERNO

- ✓ Registe a flora existente, tente identificar as fontes de néctar, pólen ou meladas.

- ✓ Realize ou retire os tratamentos da varroose, se for o caso e quando terminado o prazo de atuação indicado.

- ✓ Retire colmeias com colónias mortas e aproveite para higienizar esse material (com maçarico, por exemplo).

- ✓ Aproveite para reparar quadros (ou outro material) e esticar arames.

- ✓ Alimente artificialmente, caso se justifique.

- ✓ No final do Inverno e em dias favoráveis, inspecione as colónias (postura da rainha, tamanho e desenvolvimento da população, sinais de doença, etc.), de forma a prepara-las para a Primavera.

- ✓ Avalie a sua época apícola.

Considerações finais

Caro apicultor ou futuro apicultor, sei que numa primeira leitura pode parecer demasiada informação, mas com tempo tudo será mais simples e fácil, tal como qualquer aprendizagem. Neste livro, tem tudo o que necessita para iniciar, programar e gerir a sua atividade apícola. Respeite sempre a natureza e os seus ritmos e tudo acontecerá.

Simplesmente comece.

Quero ainda dar-lhe os parabéns por querer aprender mais sobre estas abelhas tão importantes para o nosso ecossistema e sobrevivência. Eu sou suspeita, mas de facto são dos animais mais surpreendentes e maravilhosos que pude trabalhar e observar até à data. São um exemplo para qualquer sociedade ou comunidade.

Quero terminar com mais uma partilha. No decorrer da escrita deste livro uma amiga enviou-me algo sobre as abelhas e o xamanismo. Nesse texto diziam que a abelha lembra-nos de extrair o mel da vida, para tornar nossa vida fértil. Que não importava quão grande fosse o sonho, que existiria sempre a promessa de realização. Que a abelha é o símbolo de realizar o impossível. E entendo bem o porquê.

Que sejamos todos sonhadores, que realizaremos todos o impossível e que possamos deixar a nossa marca no mundo.

Agradecimentos

Quero agradecer primeiro que tudo ao meu companheiro Ângelo por alinhar sempre nas minhas loucuras e me acompanhar nesta jornada já há uns anos. Grata por todo o teu amor e respeito. Grata pela revisão do livro e paciência no processo.

Agradecer aos meus pais que sempre me proporcionaram momentos na natureza e de respeito por ela, bem como o inicio da atividade apícola.

Agradecer ao meu rebento que me inspira todos os dias a construir um futuro melhor.

Ao meu Mastermind, especialmente ao Leonardo Gonçalves, Maria João Gonçalves e César Ferreira, que me incentivaram a escrever este livro e me deram força e inspiração diária.

Ao André, à Fernanda, à Luísa, à Cristina e ao Fernando um muito obrigado pela revisão e dicas.

Por fim, ao leitor por estar desse lado.

Sobre a Ana

 A Ana nasceu em Lisboa, mas sempre teve uma ligação ao campo. Embora em tempos quisesse ser advogada intergaláctica, a paixão pela ciência, natureza e animais sempre esteve lá. Estudou Engenharia Zootécnica e quase no fim do percurso "tropeçou" no incrível mundo das abelhas.

No início nem sempre foi fácil e nem sempre encontrou o apoio ou informação que precisava. Mas uma coisa era certa: as abelhas eram animais incríveis e o 'mundo 'tinha de saber disso.

Cometeu muito erros, deu muita cabeçada e quando começou a dar formações de introdução à apicultura percebeu que os desafios e questões eram sempre as mesmas. As mesmas que ela própria tinha tido anos antes e algo tinha de ser feito. Imaginou como seria bom partilhar o seu conhecimento e de forma genuína, encontrando na escrita deste livro esse veículo.

Um convite da minha parte

Convido-te a partilhar a existência deste livro com amigos, família e conhecidos, para que esta informação chegue ao máximo de pessoas possível e poder fazer a diferença.

Se queres ainda ir mais fundo tenho também um curso on-line baseado neste livro "Tenho uma colmeia! E agora?".

Se tiveres alguma questão sobre o livro ou curso on-line envia-me um e-mail para analuserrenho@gmail.com ou contacta-me via Instagram: @ana_nas_abelhas. Partilha comigo também a tua experiência com este livro!

www.ingramcontent.com/pod-product-compliance
Lightning Source LLC
Chambersburg PA
CBHW070044260726
48658CB00002B/717